Christiane Schöll

Die schönsten Häkelgardinen

rosenheimer

Knoblauch
LEONARDO

Christiane Schöll
Die schönsten Häkelgardinen

Inhalt

Garn, Nadeln und Maschenprobe

Alle Modelle in diesem Buch sind aus Baumwollgarnen gehäkelt. Welche Nadel und welches Garn verwendet werden, ist bei jedem Modell angegeben. Wenn Sie ein anderes Garn verwenden möchten, können Sie auf der Banderole des Garnes nachlesen, welche Nadelstärke Sie dazu nehmen müssen.

Für die feine Filethäkelei, wie sie in diesem Buch vorgestellt wird, empfehlen sich Häkelnadeln der Stärke 1,5, 1,75 oder 2,0, manchmal auch noch 2,5, aber kaum stärker.

Bei jeder Gardine sind Maße angegeben, damit Sie einen ungefähren Anhaltspunkt haben. Die endgültige Größe Ihrer Häkelarbeit ist jedoch sehr variabel, selbst wenn Sie dasselbe Garn und dieselben Nadeln verwenden wie angegeben. Sie ist davon abhängig, wie fest oder locker Sie häkeln.

Beim Filethäkeln ist eher festes Häkeln zu empfehlen, damit die einzelnen Kästchen quadratisch ausfallen. Halten Sie die Schlinge auf der Nadel möglichst kurz, indem Sie den vom Knäuel kommenden Faden zwei- bis dreimal um den Zeigefinger wickeln. Wer sehr locker häkelt, sollte lieber eine dünnere Häkelnadel verwenden.

Am besten Sie fertigen vor Beginn eine Maschenprobe an, damit die fertige Gardine auch wirklich zu Ihrem Fenster passt. Häkeln Sie dazu einen Ausschnitt Ihres gewählten Musters, etwa 15 bis 20 Kästchen in der Breite und ebenso viele Reihen in der Höhe. Häkeln Sie gefüllte und leere Kästchen mit dem Garn und der Häkelnadel, die Sie nachher auch für das ganze Modell verwenden möchten. Danach messen Sie Ihre Maschenprobe aus und können so die Größe Ihrer Gardine hochrechnen.

Der Häkelbeginn

Die Häkelarbeit beginnt immer mit einer Luftmaschenkette. Dafür bilden Sie eine Anfangsschlinge, durch die Sie mit der Häkelnadel entsprechend viele Schlingen (= Luftmaschen) ziehen. Wie viele Luftmaschen Sie anschlagen müssen, ist bei jedem Modell angegeben.

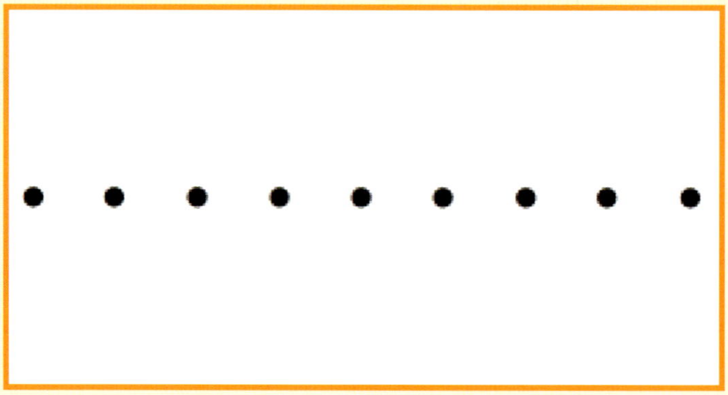

Nun häkeln Sie in Reihen hin und her. Die erste Reihe wird auf die Luftmaschenkette gesetzt, Sie stechen für die Stäbchen der ersten Reihe also in die Luftmaschen ein. Nach jeder Reihe wird gewendet. Dafür werden drei Wende-Luftmaschen gehäkelt, um das erste Stäbchen der neuen Reihe zu ersetzen.

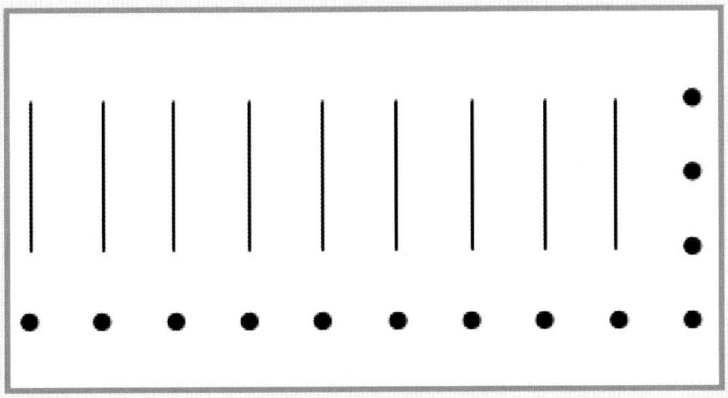

Die Filethäkelei

Alle Gardinen in diesem Buch sind in Filethäkelei ausgeführt. Diese einfache und dabei ungeheuer vielseitige Häkeltechnik basiert auf dem Prinzip der gefüllten und leeren Kästchen. Die gefüllten Kästchen bilden das Muster, die leeren Kästchen den Hintergrund.

Ein leeres Kästchen besteht aus einem Stäbchen und zwei Luftmaschen, ein gefülltes aus drei Stäbchen. Beim gefüllten Kästchen werden also statt der zwei Luftmaschen zwei Stäbchen gehäkelt, die in die Maschen der Vorreihe eingestochen werden. Beim leeren Kästchen überspringen Sie mit den beiden Luftmaschen zwei Maschen der Vorreihe und stechen mit dem nächsten Stäbchen erst in die dritte Masche ein.

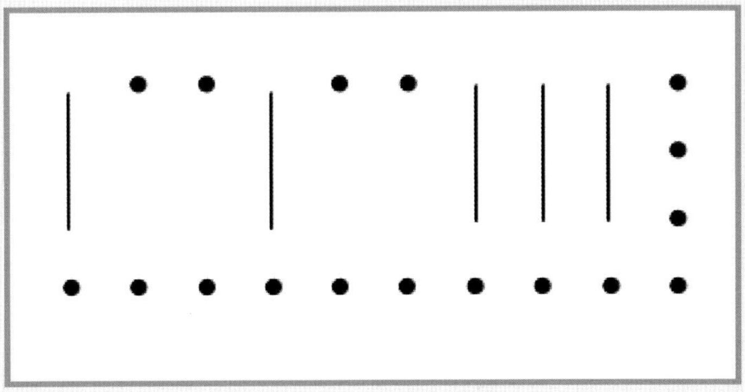

Die Zählmuster

Als Vorlage für die Filethäkelei dienen Zählmuster, bestehend aus einem Karoraster. Die schwarzen Karos stehen für die gefüllten Kästchen, die weißen für die leeren. Eine Kästchenreihe entspricht also einer Häkelreihe. Die Hinreihen sind von rechts nach links, die Rückreihen von links nach rechts zu lesen. Am besten legen Sie sich ein Lineal auf das Zählmuster, dann wissen Sie immer, welche Reihe Sie gerade häkeln.

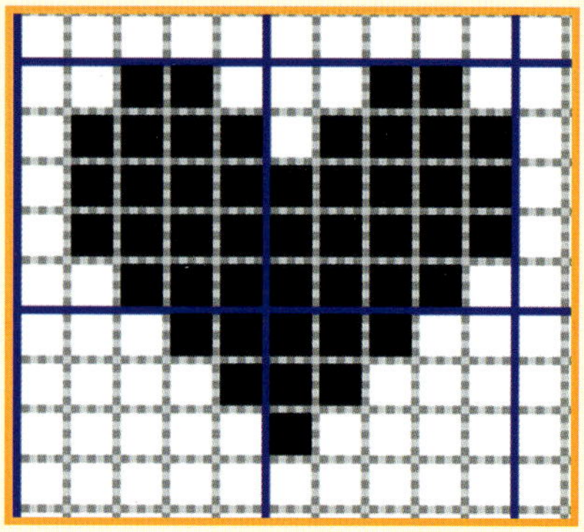

Im Beispiel oben häkeln Sie in der ersten Reihe also elf leere Kästchen (von rechts nach links), in der zweiten Reihe häkeln Sie fünf leere Kästchen, ein gefülltes Kästchen und wieder fünf leere Kästchen (von links nach rechts). In der dritten Reihe häkeln Sie wieder von rechts nach links vier leere Kästchen, drei gefüllte Kästchen und wieder vier leere Kästchen. Und so weiter, bis Reihe zehn mit elf leeren Kästchen.

Bei manchen Mustern wiederholen sich einzelne Motive, man bezeichnet das als Mustersatz. In unserem Beispiel wäre das Herz also ein Mustersatz. Man kann den Mustersatz beliebig oft wiederholen, um die Gardine breiter zu machen.

Aufhängen der Gardinen

Sie können Ihre Gardine an einer Stange oder mit Clips aufhängen. Die Zählmuster sind für eine Aufhängung mit Clips ausgelegt. Wenn Sie eine Stange bevorzugen, sollten Sie an der Oberkante der Gardine einen Durchzug für die Stange häkeln. Statt zwei leeren Kästchen (also zwei Luftmaschen, ein Stäbchen, zwei Luftmaschen) häkeln Sie dafür fünf Luftmaschen; mit dem nächsten Stäbchen stechen Sie dann erst in die sechste Masche der Vorreihe ein. Pro Reihe entsteht so ein leeres Doppelkästchen am oberen Rand der Gardine.

Zu- und Abnehmen beim Filethäkeln

Die Spitzen oder Zacken am unteren Rand von Häkelgardinen entstehen durch das Zu- oder Abnehmen von gefüllten Kästchen am Reihenanfang und -ende.

Für das Zunehmen am Reihenanfang wird die entsprechende Anzahl von Luftmaschen angeschlagen und in der Rückreihe mit Stäbchen behäkelt.

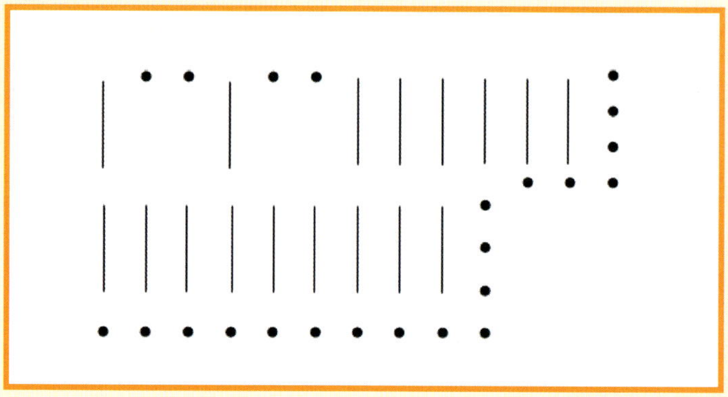

Für das Zunehmen am Reihenende werden Doppelstäbchen gehäkelt. Die erste Einstichstelle ist die des letzten Stäbchens; für jedes weitere Doppelstäbchen wird das erste Abmaschglied des letzten Doppelstäbchens eingestochen. Um ein gefülltes Kästchen zuzunehmen, müssen drei Doppelstäbchen gehäkelt werden.

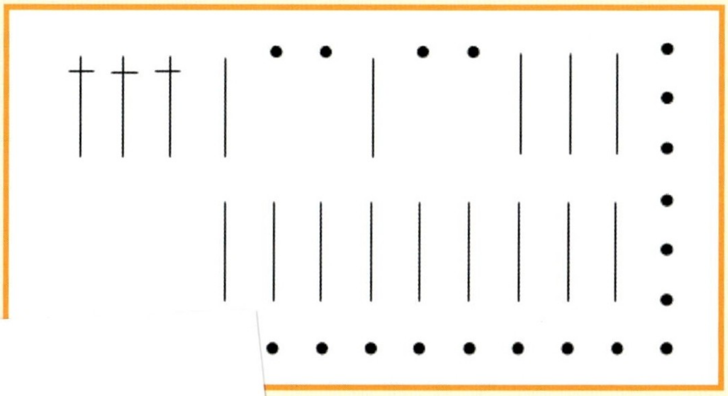

…m Reihenanfang werden
…äkelt: Eine Wende-
…, dann in jede Luftmasche
…edes Stäbchen der Vorreihe
…äkeln, bis Sie zum
… nächsten Reihe gelangen.

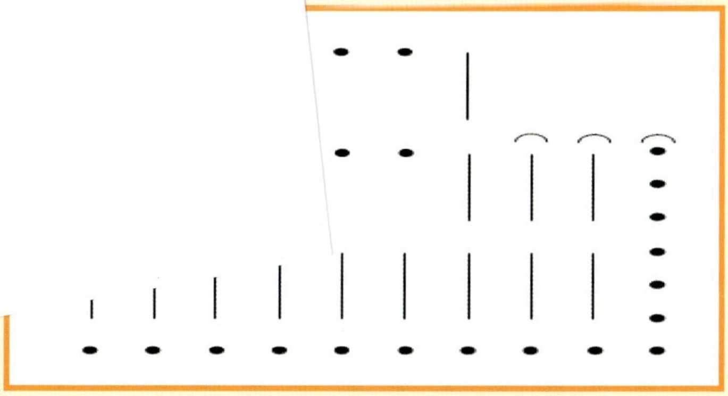

Beim Abnehmen am Reihenende bleiben Kästchen einfach unbehäkelt stehen.

Das Spannen

Nach dem Abschluss der Häkelei und dem Vernähen der Fäden muss die Häkelgardine noch gespannt werden. Dafür legen Sie die Gardine auf eine weiche Unterlage (zum Beispiel eine Matratze oder einen Teppich) und stecken sie mit nicht rostenden Stecknadeln fest. Jeder Bogen und jede Zacke am Rand muss gut ausgespannt werden. Nun besprühen Sie die Häkelarbeit mit Wasser und eventuell mit Wäschestärke und lassen sie völlig austrocknen, bevor Sie sie wieder abnehmen.

Die Gardinen haben oft einen Rand aus gefüllten Kästchen, damit sie leichter gespannt werden können und gut ihre Form behalten.

Zeichenerklärung:

· Luftmasche

| Stäbchen

† Doppelstäbchen

| feste Masche

⌒ Kettmasche

Rosen, Tulpen oder Mohn – Blüten sind das beliebteste Motiv für selbst gehäkelte Gardinen und stehen deshalb in diesem Buch an erster Stelle. Entdecken Sie die klassischen Sträuße und Ranken, aber auch etwas modernere Kompositionen, die Symmetrie und Romantik gekonnt miteinander verbinden!

Bunter Blumenstrauß

Größe
ca. 45 cm breit, 95 cm lang

Material
100–150 g weißes Häkelgarn (Coats Aida 5)
Häkelnadel 1,75–2,0

So wird's gemacht
Die Gardine wird quer gehäkelt.
259 Luftmaschen anschlagen. 3 Wende-Luftmaschen häkeln, dann die erste Reihe mit 86 gefüllten Kästchen häkeln.
Weiter nach Zählmuster arbeiten.
Für die Zacken am unteren Rand Kästchen nach Zählmuster zu- und abnehmen.

Für den Stangendurchzug am oberen Rand der Gardine am Ende der zweiten Reihe vor dem gefüllten Schlusskästchen statt der beiden leeren Kästchen ein leeres Doppelkästchen häkeln: Dafür 5 Luftmaschen häkeln, 5 Stäbchen der Vorreihe überspringen und das nächste Stäbchen in das sechste Stäbchen setzen. Am Ende bzw. Anfang der Reihen ebenso fortfahren.
Die fertige Gardine spannen, anfeuchten und trocknen lassen.

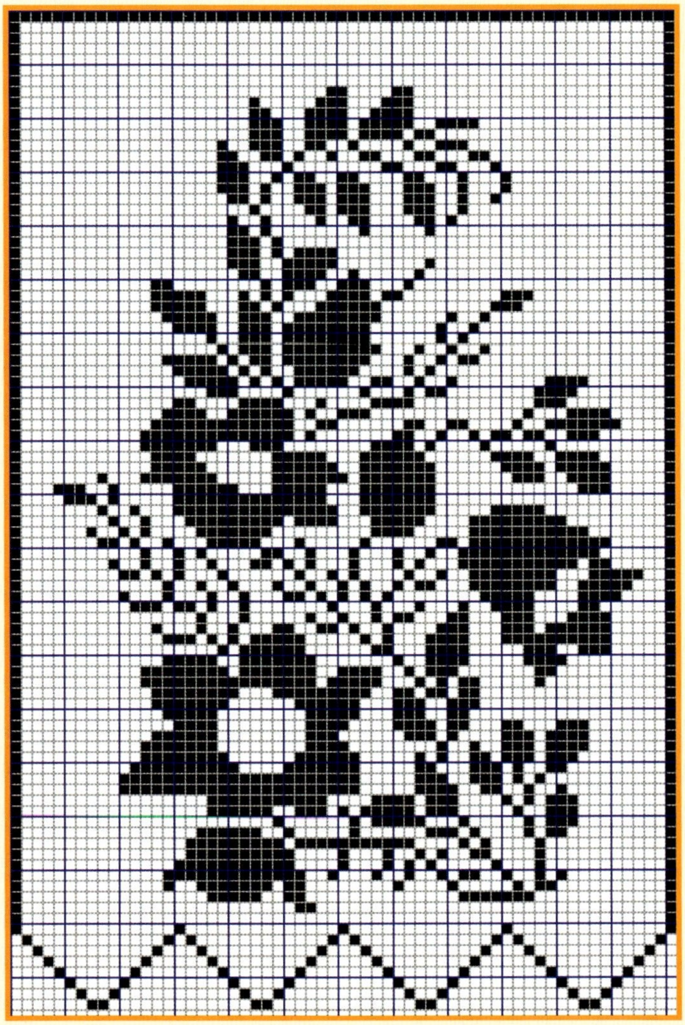

Wildblüten

Größe

ca. 75 cm breit, 45 cm lang

Material

100–150 g weißes Häkelgarn (Coats Aida 10)
Häkelnadel 1,5–1,75

So wird's gemacht

Die Gardine wird quer gehäkelt. Sie hat keinen Rand aus gefüllten Kästchen.
169 Luftmaschen anschlagen. 3 Wende-Luftmaschen häkeln, dann die erste Reihe mit 56 Kästchen häkeln.

Weiter nach Zählmuster arbeiten.
Für die Zacken am unteren Rand Kästchen nach Zählmuster zu- und abnehmen.
Für den Stangendurchzug am oberen Rand der Gardine am Ende der ersten Reihe statt der beiden leeren Kästchen ein leeres Doppelkästchen häkeln: Dafür 5 Luftmaschen häkeln, 5 Luftmaschen überspringen und das nächste Stäbchen in die letzte Anschlagsluftmasche häkeln. Am Ende bzw. Anfang der Reihen ebenso mit leeren Doppelkästchen fortfahren.
Die fertige Gardine spannen, anfeuchten und trocknen lassen.

Für ein schmales Fenster können Sie auch nur eine Reihe Blütensträuße und zweimal den Randstreifen häkeln. Die Gardine wird dann etwa 40 cm breit.

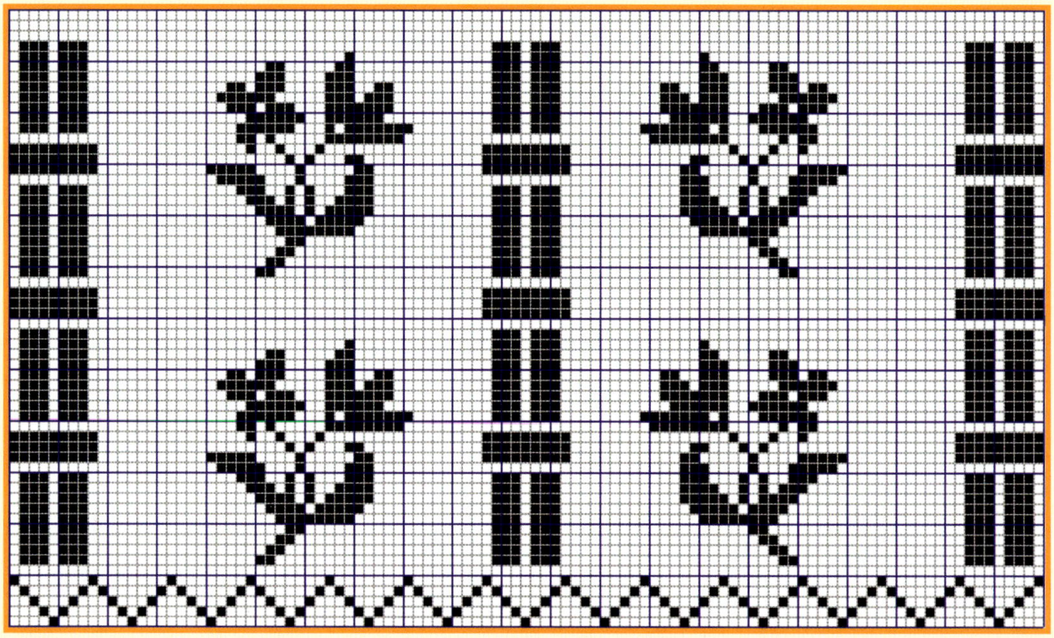

Blumenranke

Größe
ca. 65 cm breit, 30 cm lang

Material
50–100 g weißes Häkelgarn (Anchor Liana 10)
Häkelnadel 1,5–1,75

So wird's gemacht
Die Gardine wird quer gehäkelt.
100 Luftmaschen anschlagen. 3 Wende-Luftmaschen häkeln, dann die erste Reihe mit 33 Kästchen häkeln.

Weiter nach Zählmuster arbeiten.
Für die Bögen am unteren Rand Kästchen nach Zählmuster zu- und abnehmen.
Für den Stangendurchzug am oberen Rand der Gardine am Anfang der zweiten Reihe nach dem gefüllten Anfangskästchen statt der beiden leeren Kästchen ein leeres Doppelkästchen häkeln: Dafür 5 Luftmaschen häkeln, 5 Stäbchen der Vorreihe überspringen und das nächste Stäbchen in die sechste Masche häkeln. Am Ende bzw. Anfang der Reihen ebenso mit leeren Doppelkästchen fortfahren.
Die fertige Gardine spannen, anfeuchten und trocknen lassen.

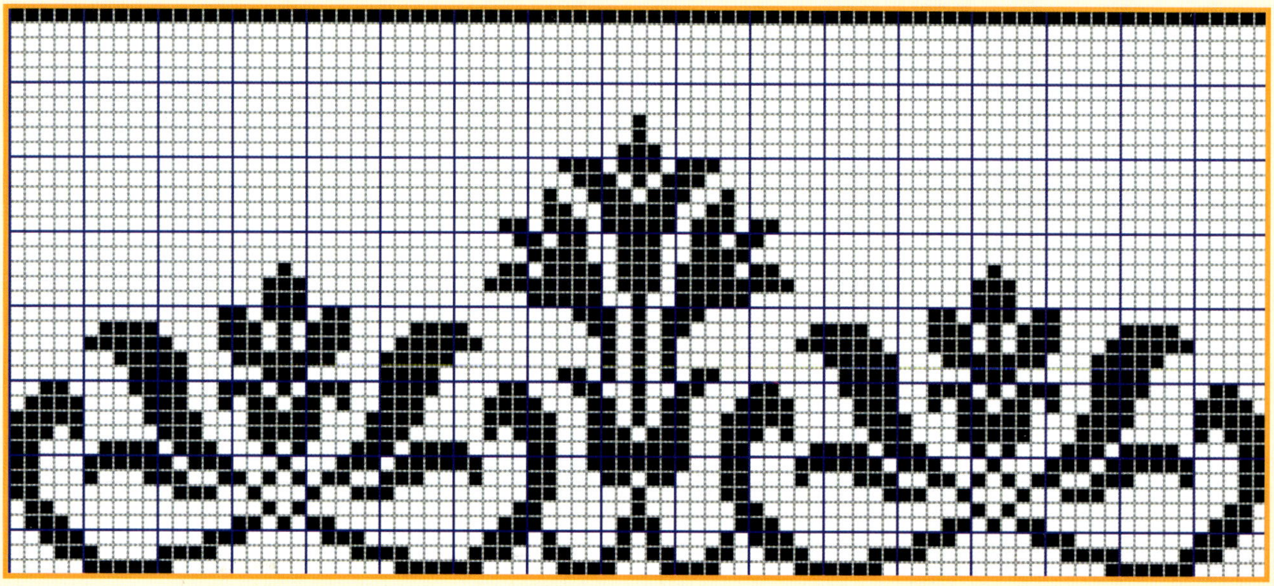

Rosendreieck

Größe

ca. 100 cm breit, 60 cm lang

Material

100–150 g hellgelbes Häkelgarn (Anchor Liana 5)
Häkelnadel 1,75–2,0

So wird's gemacht

Die Gardine wird quer gehäkelt.
163 Luftmaschen anschlagen. 3 Wende-Luftmaschen häkeln, dann die erste Reihe mit 54 gefüllten Kästchen häkeln.

Weiter nach Zählmuster arbeiten.
Für die Bögen am unteren Rand Kästchen nach Zählmuster zu- und abnehmen.
Für den Stangendurchzug am oberen Rand der Gardine am Ende der zweiten Reihe zwischen den beiden gefüllten Kästchen 5 Luftmaschen häkeln, 5 Stäbchen der Vorreihe überspringen und das nächste Stäbchen in das sechste Stäbchen setzen. Am Ende bzw. Anfang der Reihen ebenso fortfahren. Das Zählmuster zeigt ein normales leeres Kästchen.
Der Filetgrund außerhalb der Rosendreiecke besteht in diesem Fall nicht aus leeren Kästchen, sondern wird im Rohrstuhlgrund nach Häkelschrift gearbeitet:
In der 1. Reihe 1 Stäbchen, 5 Luftmaschen häkeln, in der 2. Reihe 1 Stäbchen, 3 Luftmaschen, 1 feste Masche auf die Luftmaschen der Vorreihe, 3 Luftmaschen häkeln.
Die 1. und 2. Reihe immer wiederholen.
Die fertige Gardine spannen, anfeuchten und trocknen lassen.

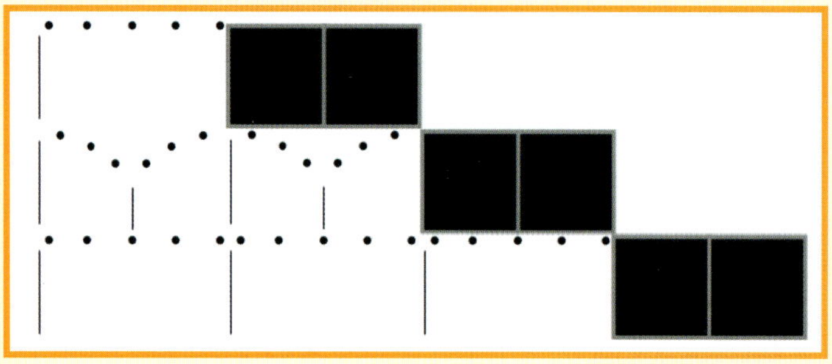

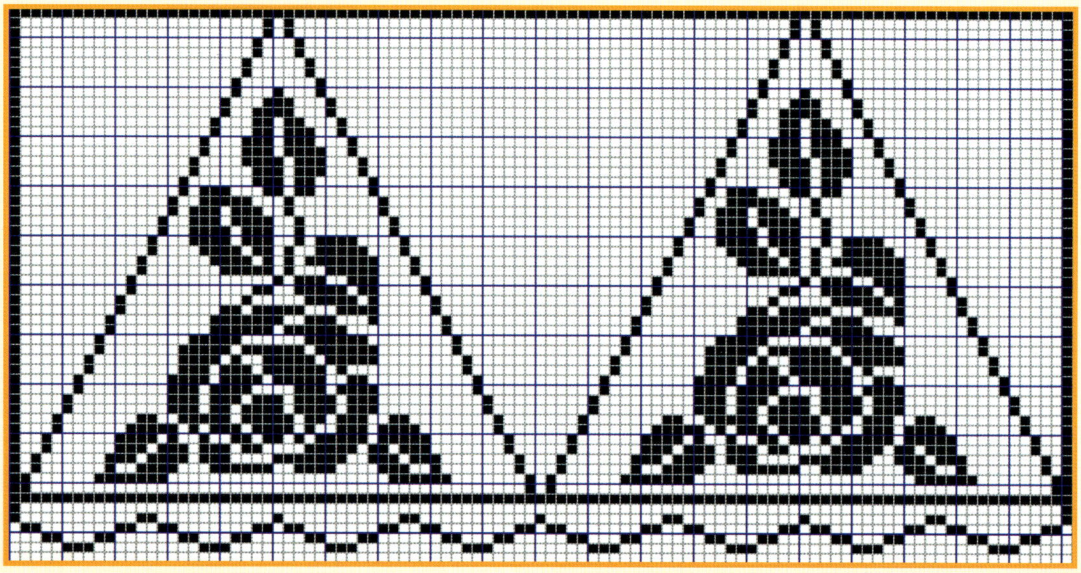

Blumenrosetten

Größe

ca. 70 cm breit, 110–130 cm lang

Material

200 g weißes Häkelgarn (Coats Opera 5)
Häkelnadel 2,0–2,5

So wird's gemacht

Die Gardine wird quer gehäkelt.
316 Luftmaschen anschlagen. 3 Wende-Luftmaschen häkeln, dann die erste Reihe mit 105 Kästchen häkeln.

Weiter nach Zählmuster arbeiten. Den Mustersatz zweimal häkeln.
Für die Zacken am unteren Rand Kästchen nach Zählmuster zu- und abnehmen.
Für den Stangendurchzug am oberen Rand der Gardine am Ende der ersten Reihe vor dem gefüllten Schlusskästchen statt der beiden leeren Kästchen ein leeres Doppelkästchen häkeln: Dafür 5 Luftmaschen häkeln, 5 Anschlag-Luftmaschen überspringen und das nächste Stäbchen in die sechste Masche häkeln.
Am Ende bzw. Anfang der Reihen ebenso mit leeren Doppelkästchen fortfahren.
Die fertige Gardine spannen, anfeuchten und trocknen lassen.

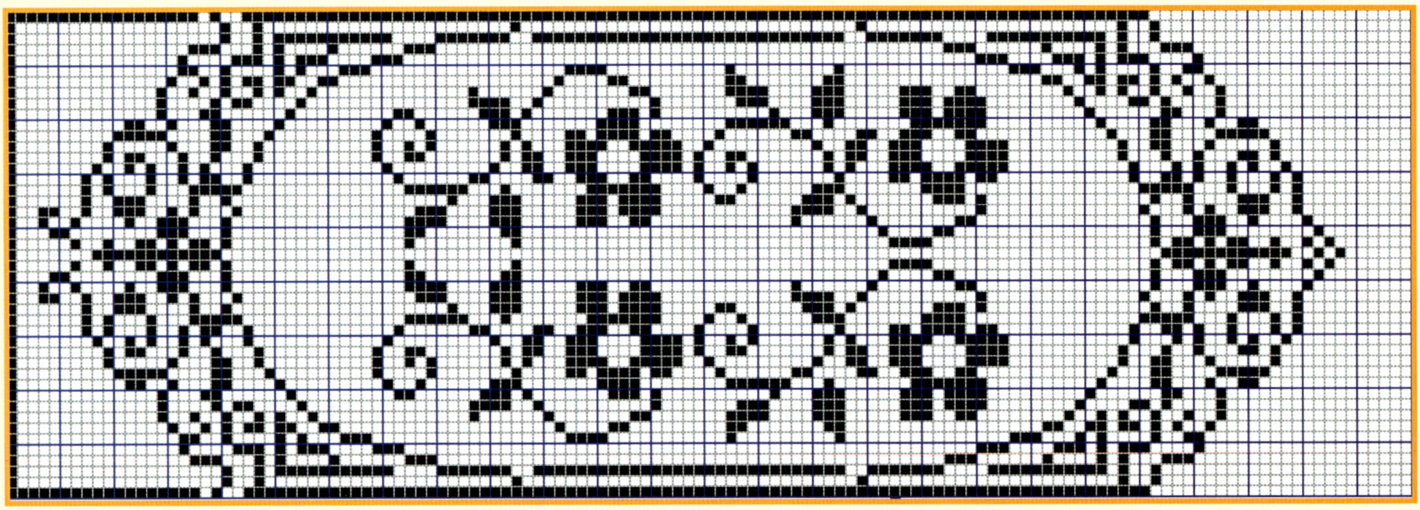

Mohnblumen

Größe

ca. 82 cm breit, 42–58 cm lang

Material

200 g weißes Häkelgarn (Coats Opera 5)
Häkelnadel 2,0 – 2,5

So wird's gemacht

Die Gardine wird quer gehäkelt.
136 Luftmaschen anschlagen.
3 Wende-Luftmaschen häkeln, dann die erste Reihe aus 45 gefüllten Kästchen häkeln.

Weiter nach Zählmuster arbeiten.
Für die Zacken am unteren Rand Kästchen nach Zählmuster zu- und abnehmen.

Für den Stangendurchzug am oberen Rand der Gardine am Ende der zweiten Reihe vor dem gefüllten Schlusskästchen statt der beiden leeren Kästchen ein zweireihiges Muster nach Häkelschrift auf Seite 44 arbeiten: Dafür 5 Luftmaschen häkeln, 5 Stäbchen der Vorreihe überspringen und das nächste Stäbchen in das sechste Stäbchen setzen. Am Anfang der nächsten Reihe nach dem gefüllten Anfangskästchen 2 Luftmaschen, 1 feste Masche in die dritte Luftmasche der Vorreihe und 2 Luftmaschen häkeln. Am Ende bzw. Anfang der Reihen ebenso fortfahren.
Die fertige Gardine spannen, anfeuchten und trocknen lassen.
Für eine breitere oder schmälere Gardine können mehr oder weniger Mustersätze gehäkelt werden. Ein Mustersatz ist ca. 30 cm breit.

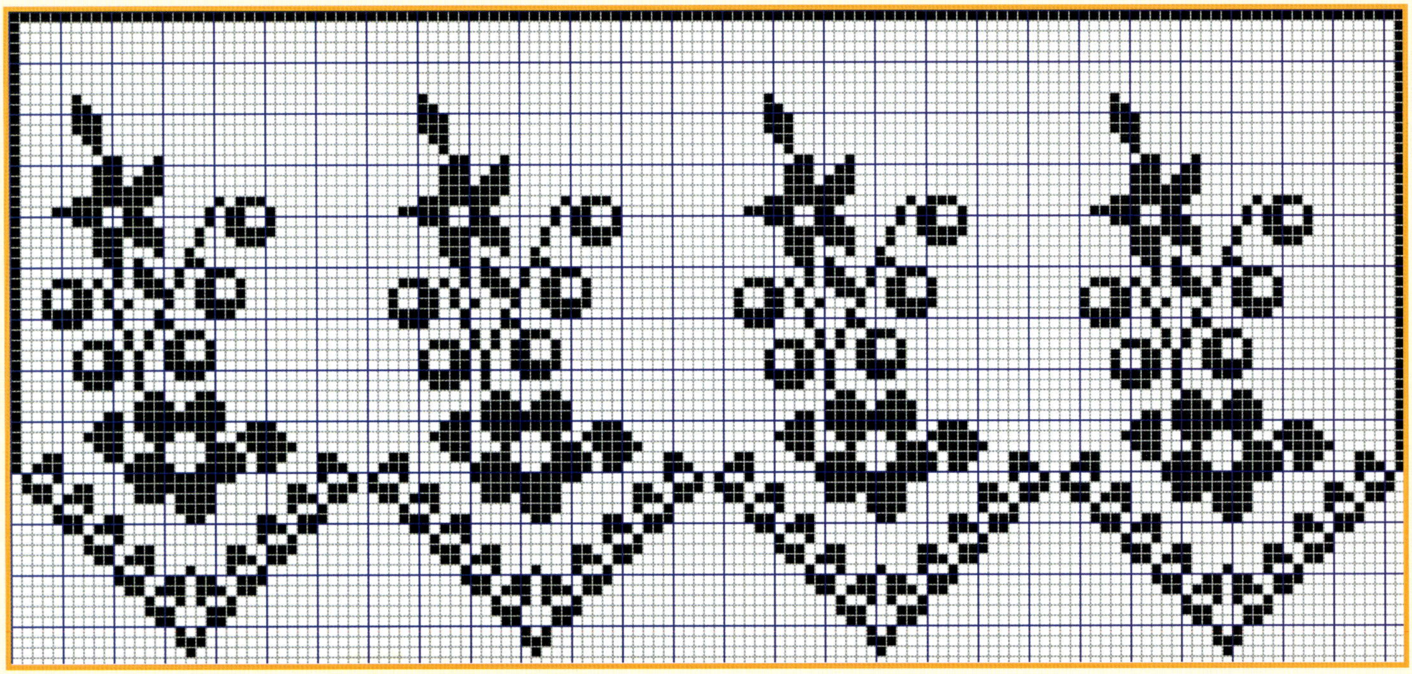

Ob Blätter, Vögel oder Birnen: Diese eleganten Motive und vom Jugendstil inspirierte Ornamente bringen in jeden Raum ein ganz besonders Flair.

Kleine Gardinenspielerei

Größe

ca. 52 cm breit, 30 cm lang

Material

100 g weißes Häkelgarn (Anchor Liana 10)
Häkelnadel 1,5–1,75

So wird's gemacht

Die Gardine wird quer gehäkelt.
76 Luftmaschen anschlagen. 3 Wende-Luftmaschen häkeln, dann die erste Reihe mit 25 Kästchen häkeln.

Weiter nach Zählmuster arbeiten.
Für die Zacken am unteren Rand Kästchen nach Zählmuster zu- und abnehmen.Für den Stangendurchzug am oberen Rand der Gardine am Anfang der ersten Reihe nach dem gefüllten Anfangskästchen statt den beiden leeren Kästchen ein leeres Doppelkästchen häkeln: Dafür 5 Luftmaschen häkeln,
5 Anschlags-Luftmaschen überspringen und das nächste Stäbchen in die sechste Masche häkeln.
Am Ende bzw. Anfang der Reihen ebenso mit leeren Doppelkästchen fortfahren.
Die fertige Gardine spannen, anfeuchten und trocknen lassen.
Das Muster kann beliebig oft wiederholt werden, um eine gewünschte Fensterbreite zu erreichen.

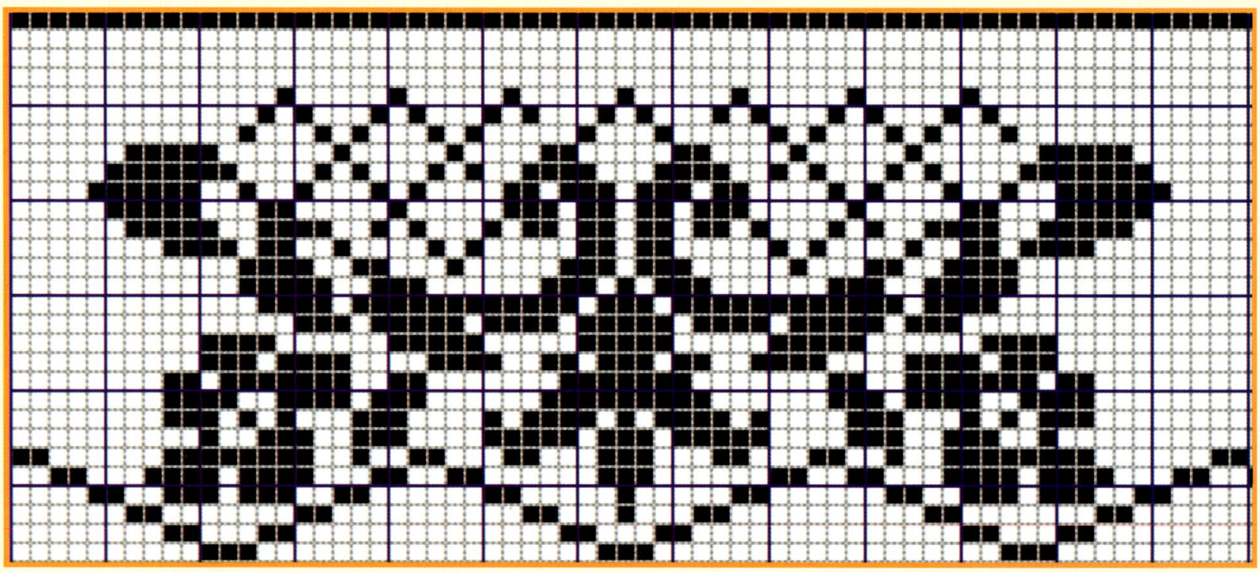

Vögel

Größe

ca. 75 cm breit, 60 cm lang

Material

100–150 g weißes Häkelgarn
(Anchor Liana 10)
Häkelnadel 1,5–1,75

So wird's gemacht

Die Gardine wird quer gehäkelt.
181 Luftmaschen anschlagen. 3 Wende-Luftmaschen häkeln, dann die erste Reihe mit 60 gefüllten Kästchen häkeln.

Weiter nach Zählmuster arbeiten.
Für die Zacken am unteren Rand Kästchen nach Zählmuster zu- und abnehmen.
Für den Stangendurchzug am oberen Rand der Gardine am Ende der zweiten Reihe vor dem gefüllten Schlusskästchen statt der beiden leeren Kästchen ein leeres Doppelkästchen häkeln: Dafür 5 Luftmaschen häkeln, 5 Stäbchen der Vorreihe überspringen und das nächste Stäbchen in das sechste Stäbchen setzen. Am Ende bzw. Anfang der Reihen ebenso mit leeren Doppelkästchen fortfahren.
Die fertige Gardine spannen, anfeuchten und trocknen lassen.
Das Muster kann beliebig oft wiederholt werden, um eine gewünschte Fensterbreite zu erreichen, aber Sie können natürlich statt zwei auch nur einen Mustersatz häkeln. Die Gardine wird dann etwa 38 cm breit.

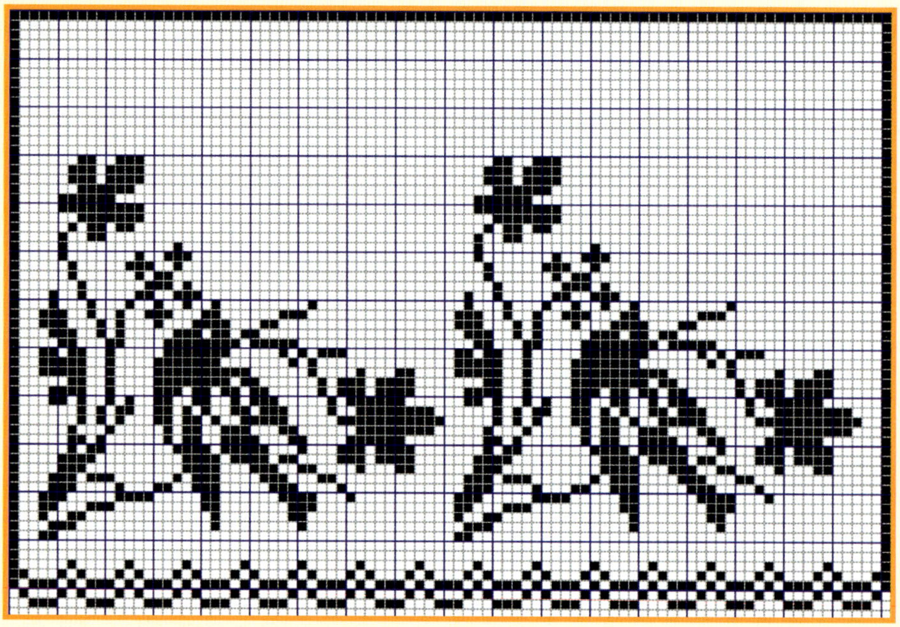

Birnengirlande

So wird's gemacht

Die Gardine wird von oben nach unten gehäkelt.

286 Luftmaschen anschlagen. 3 Wende-Luftmaschen häkeln, dann die erste Reihe mit 95 gefüllten Kästchen häkeln. Für den Stangendurchzug in der zweiten Reihe Doppelstäbchen statt Stäbchen häkeln.

Weiter nach Zählmuster arbeiten.
Ab der 17. Reihe wird jede Birne einzeln fertig gestellt.
Die fertige Gardine spannen, anfeuchten und trocknen lassen.
Für eine breitere oder schmälere Gardine können mehr oder weniger Mustersätze gehäkelt werden. Ein Mustersatz ist ca. 25 cm breit.

Größe

ca. 100 cm breit, 15 cm lang

Material

50–100 g beigefarbenes Häkelgarn
(Anchor Liana 10)
Häkelnadel 1,5–1,75

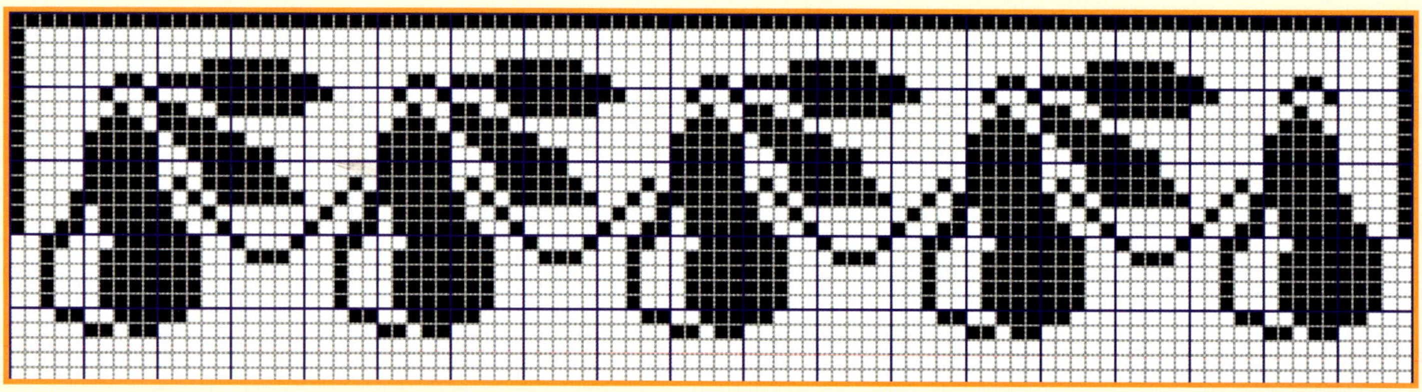

Blätterranken

Größe
ca. 70 cm breit, 35 cm lang

Material
100 g weißes Häkelgarn (Coats Opera 5)
Häkelnadel 2,0–2,5

So wird's gemacht
Die Gardine wird quer gehäkelt. An den äußeren Rändern wechseln sich hier gefüllte und leere Kästchen ab.
112 Luftmaschen anschlagen. 3 Wende-Luftmaschen häkeln, dann die erste Reihe mit 37 Kästchen häkeln.

Nach Zählmuster arbeiten. Das Zählmuster zeigt nur einen Mustersatz, den Sie dreimal wiederholen. Die erste Kästchenreihe entfällt bei der Wiederholung, wird aber als Abschlussreihe noch einmal gehäkelt.
Für die Zacken am unteren Rand Kästchen nach Zählmuster zu- und abnehmen.
Für den Stangendurchzug am oberen Rand der Gardine am Ende der ersten Reihe vor dem gefüllten Schlusskästchen statt der beiden leeren Kästchen ein leeres Doppelkästchen häkeln: Dafür 5 Luftmaschen häkeln, 5 Anschlag-Luftmaschen überspringen und das nächste Stäbchen in die sechste Masche häkeln. Am Ende bzw. Anfang der Reihen ebenso mit leeren Doppelkästchen fortfahren.
Die fertige Gardine spannen, anfeuchten und trocknen lassen.

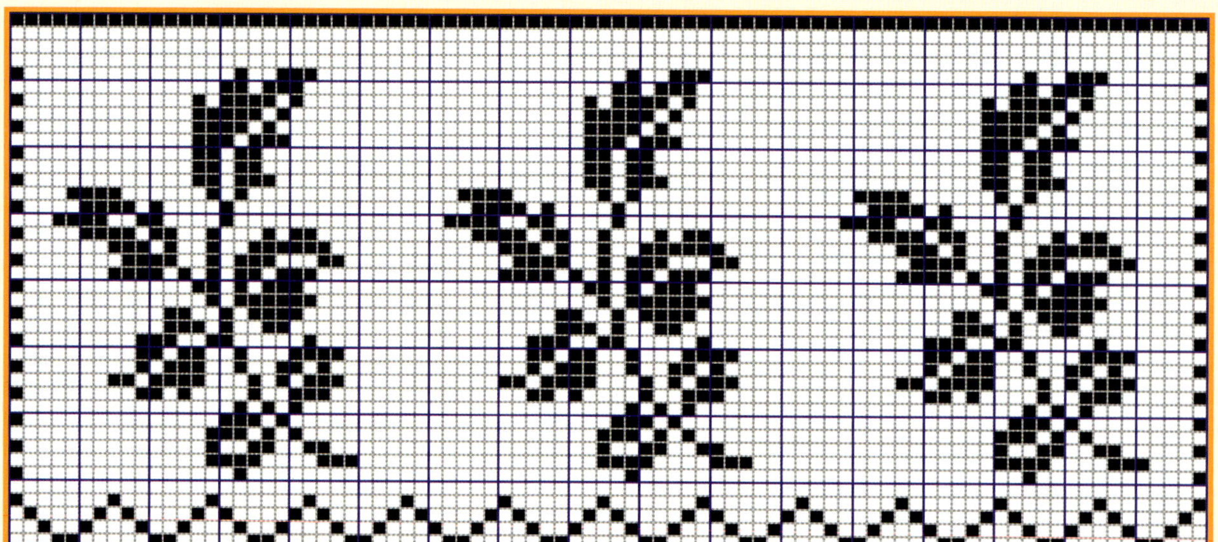

LEONARDO

Blätterkranz mit Schleife

Größe
ca. 65 cm breit, 85 cm lang

Material
100 g weißes Häkelgarn (Anchor Liana 10)
Häkelnadel 1,5–1,75

So wird's gemacht
Die Gardine wird von unten nach oben gehäkelt.
22 Luftmaschen anschlagen. 3 Wende-Luftmaschen häkeln, dann die erste Reihe mit 7 gefüllten Kästchen häkeln.

Weiter nach Zählmuster arbeiten.
An den seitlichen Rändern Kästchen nach Zählmuster zunehmen.
Für den Stangendurchzug am oberen Rand der Gardine in der vorletzten (= 99.) Reihe Doppelstäbchen statt Stäbchen häkeln.
Die fertige Gardine spannen, anfeuchten und trocknen lassen.

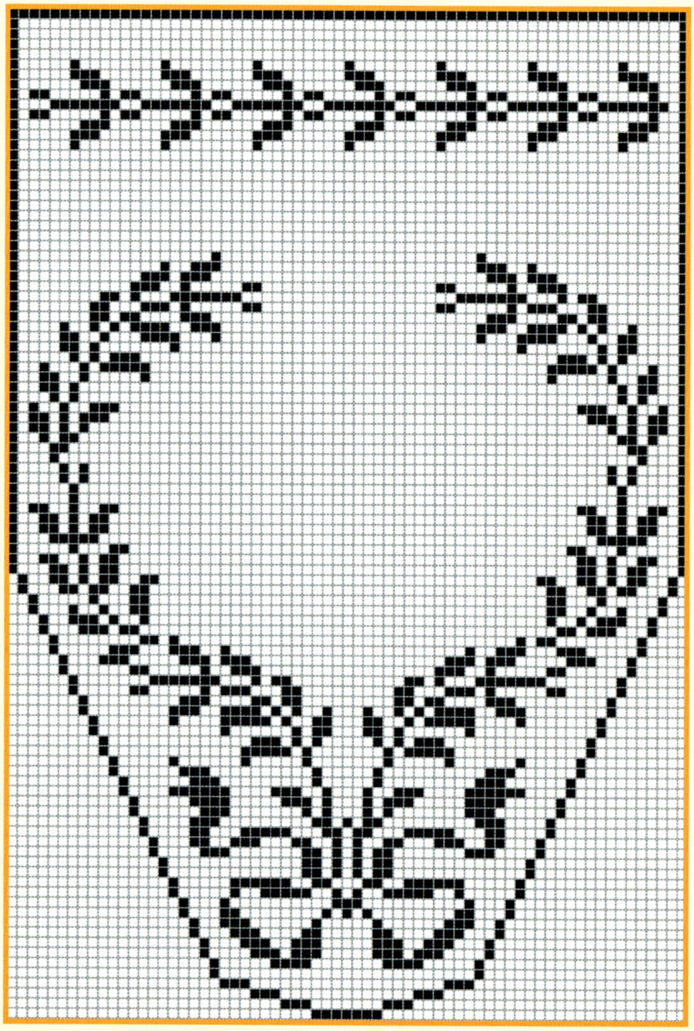

Kleeblätter

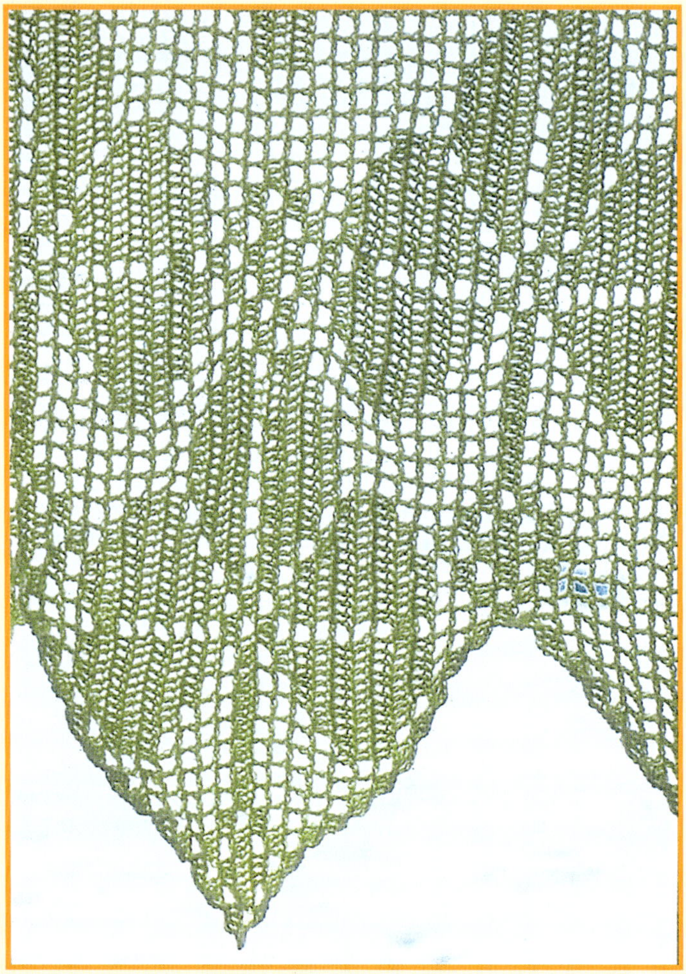

Größe

ca. 65 cm breit, 50–62 cm lang

Material

100–150 g hellgrünes Häkelgarn (Coats Aida 10)
Häkelnadel 1,5–1,75

So wird's gemacht

Die Gardine wird quer gehäkelt.
184 Luftmaschen anschlagen. 3 Wende-Luftmaschen häkeln, dann die erste Reihe mit 61 gefüllten Kästchen häkeln.

Weiter nach Zählmuster arbeiten.
Das Zählmuster zeigt eineinhalb Mustersätze, sowie Beginn und Abschluss der Gardine.
Wenn Sie genau nach Zählmuster häkeln, wird die Gardine etwa 45 cm breit. Für die Gardine auf dem Foto werden (nach den Reihen 1 bis 12) die Reihen 13 bis 38 einmal wiederholt, dann die letzten 15 Reihen wieder nach Zählmuster gearbeitet. Für die Zacken am unteren Rand Kästchen nach Zählmuster zu- und abnehmen.
Für den Stangendurchzug am oberen Rand der Gardine am Anfang der zweiten Reihe nach dem gefüllten Anfangskästchen statt der beiden leeren Kästchen ein leeres Doppelkästchen arbeiten: Dafür 5 Luftmaschen häkeln, 5 Stäbchen der Vorreihe überspringen und das nächste Stäbchen in das sechste Stäbchen setzen. Am Ende bzw. Anfang der Reihen ebenso mit leeren Doppelkästchen fortfahren.
Die fertige Gardine spannen, anfeuchten und trocknen lassen.

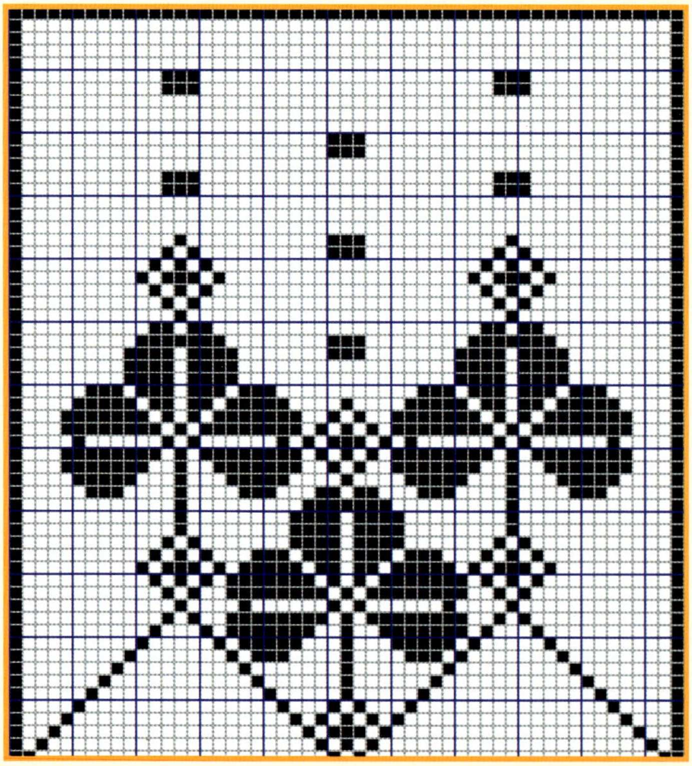

Abstrakte, geometrische Motive wirken am Fenster zwar etwas ausgefallen, haben aber eine ganz besondere Faszination. Wer Geschmack am Außergewöhnlichen hat, dem werden diese Gardinen gefallen.

Geometrie

Größe

ca. 35 cm breit, 58 cm lang

Material

50–100 g weißes Häkelgarn (Anchor Liana 10)
Häkelnadel 1,5–1,75

So wird's gemacht

Die Gardine wird quer gehäkelt.
142 Luftmaschen anschlagen. 3 Wende-Luftmaschen häkeln, dann die erste Reihe mit 47 Kästchen häkeln.
Weiter nach Zählmuster arbeiten.
Für die Zacken am unteren Rand Kästchen nach Zählmuster zu- und abnehmen.
Für den Stangendurchzug am oberen Rand der Gardine am Ende der ersten Reihe vor dem gefüllten Schlusskästchen statt der beiden leeren Kästchen ein leeres Doppelkästchen häkeln: Dafür 5 Luftmaschen häkeln, 5 Anschlag-Luftmaschen überspringen und das nächste Stäbchen in die sechste Masche häkeln.
Am Ende bzw. Anfang der Reihen ebenso mit leeren Doppelkästchen fortfahren.
Die fertige Gardine spannen, anfeuchten und trocknen lassen.
Das Muster kann beliebig oft wiederholt werden, um eine gewünschte Fensterbreite zu erreichen.

Blütenrauten Bordüre

Größe

ca. 60 cm breit, 10–18 cm lang

Material

50 g weißes Häkelgarn (Coats Opera 5)
Häkelnadel 2,0–2,5

So wird's gemacht

Die Gardine wird quer gehäkelt.
34 Luftmaschen anschlagen. 3 Wende-Luftmaschen häkeln, dann die erste Reihe mit 11 Kästchen häkeln.

Weiter nach Zählmuster arbeiten. Die Sterne in den Rauten häkeln Sie nach der Häkelschrift unten.
Für die Zacken am unteren Rand Kästchen nach Zählmuster zu- und abnehmen.
Für den Stangendurchzug am oberen Rand der Gardine am Ende der ersten Reihe vor dem gefüllten Schlusskästchen statt den beiden leeren Kästchen ein leeres Doppelkästchen häkeln: Dafür 5 Luftmaschen häkeln, 5 Anschlag-Luftmaschen überspringen und das nächste Stäbchen in die sechste Masche häkeln. Am Ende bzw. Anfang der Reihen ebenso mit leeren Doppelkästchen fortfahren.
Die fertige Gardine spannen, anfeuchten und trocknen lassen.
Für eine Bordüre können beliebig viele Mustersätze gehäkelt werden. Ein Mustersatz ist etwa 15 cm breit.

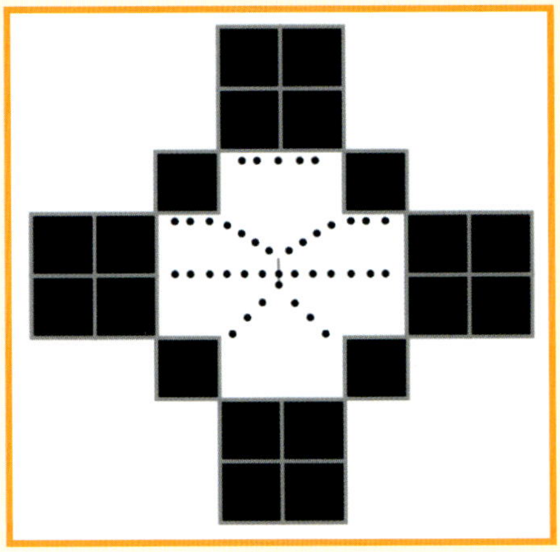

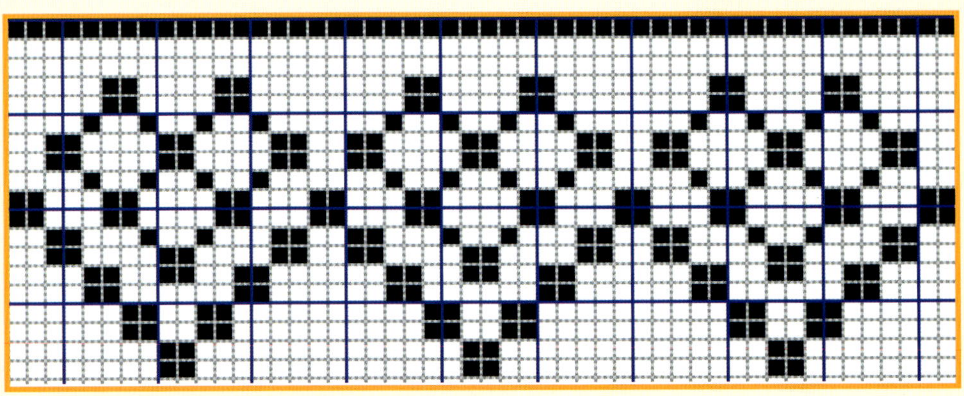

Blütenrauten Vorhang

Größe
ca. 55 cm breit, 115 cm lang

Material
150 g weißes Häkelgarn
(Coats Opera 5)
Häkelnadel 2,0–2,5

So wird's gemacht
319 Luftmaschen anschlagen. 3 Wende-Luftmaschen häkeln, dann die erste Reihe mit 106 Kästchen häkeln.

Weiter nach Zählmuster arbeiten. Die Sterne in den Rauten häkeln Sie nach der Häkelschrift auf Seite 36.
Für die Zacken am unteren Rand Kästchen nach Zählmuster zu- und abnehmen.
Für den Stangendurchzug am oberen Rand der Gardine am Ende der ersten Reihe vor dem gefüllten Abschlusskästchen statt den beiden leeren Kästchen ein leeres Doppelkästchen häkeln: Dafür 5 Luftmaschen häkeln, 5 Anschlag-Luftmaschen überspringen und das nächste Stäbchen in die sechste Masche häkeln. Am Ende bzw. Anfang der Reihen ebenso mit leeren Doppelkästchen fortfahren.
Die fertige Gardine spannen, anfeuchten und trocknen lassen.

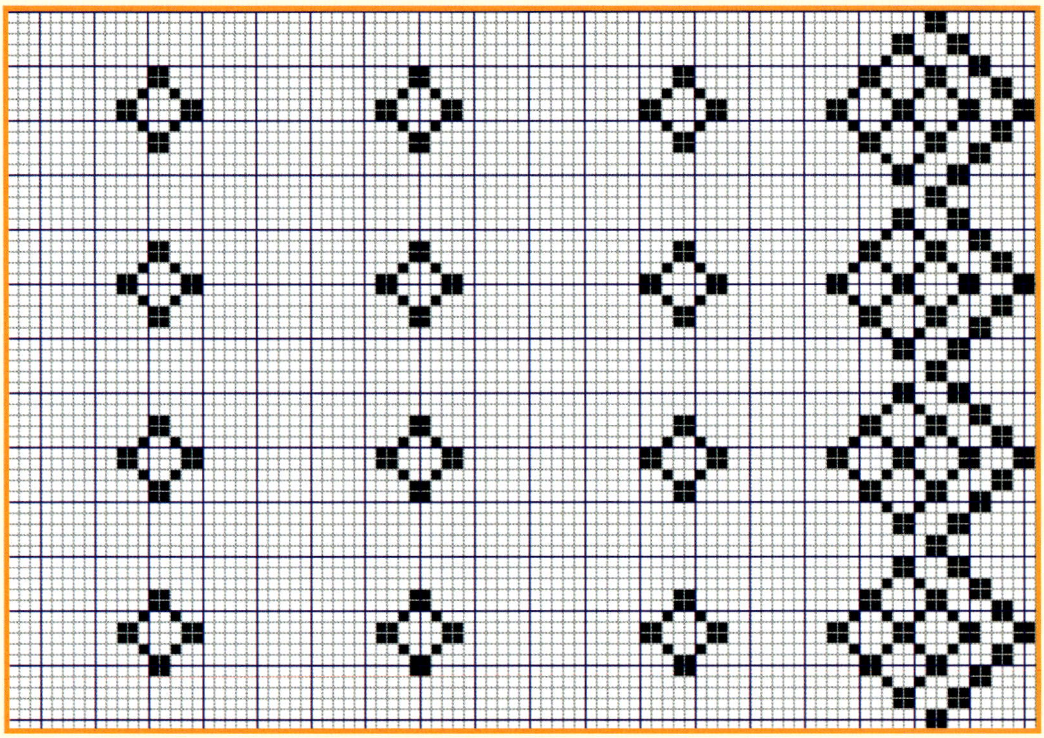

Mustermix

Größe

ca. 65 cm breit, 33–45 cm lang

Material

100 g weißes Häkelgarn (Coats Opera 5)
Häkelnadel 2,0–2,5

So wird's gemacht

Die Gardine wird quer gehäkelt.
139 Luftmaschen anschlagen. 3 Wende-Luftmaschen häkeln, dann die erste Reihe mit 46 gefüllten Kästchen häkeln.

Weiter nach Zählmuster und Häkelschrift arbeiten. Die Sterne in den Rauten werden Reihe für Reihe zwischen die Kästchen der Filethäkelei gesetzt. Beachten Sie den Unterschied zwischen großen Sternen I über 7 Reihen und kleinen Sternen II über 5 Reihen! Das Zählmuster zeigt eineinhalb Mustersätze, sowie Beginn und Abschluss der Gardine. Wenn Sie genau nach Zählmuster häkeln, wird die Gardine etwa 32 cm breit. Für die Gardine auf dem Foto werden (nach den Reihen 1 bis 16) die Reihen 17 bis 36 dreimal wiederholt, bevor Sie mit den Reihen 37 bis 40 enden. Für die Zacken am unteren Rand Kästchen nach Zählmuster zu- und abnehmen. Für den Stangendurchzug am oberen Rand der Gardine am Anfang der zweiten Reihe nach dem gefüllten Anfangskästchen statt den beiden leeren Kästchen ein leeres Doppelkästchen häkeln: Dafür 5 Luftmaschen häkeln, 5 Stäbchen der Vorreihe überspringen und das nächste Stäbchen in die sechste Masche häkeln. Am Ende bzw. Anfang der Reihen ebenso mit leeren Doppelkästchen fortfahren. Die fertige Gardine spannen, anfeuchten und trocknen lassen.

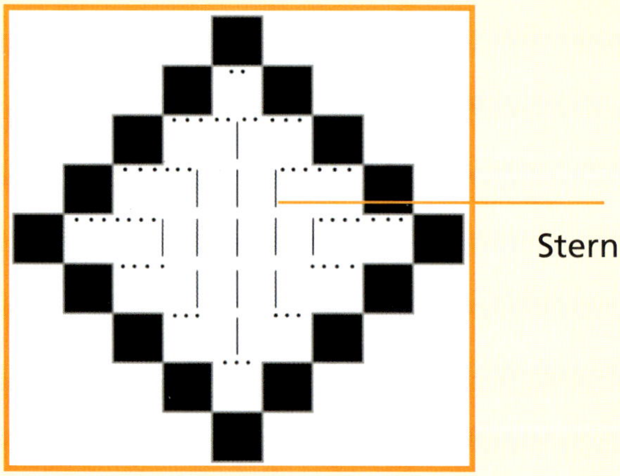

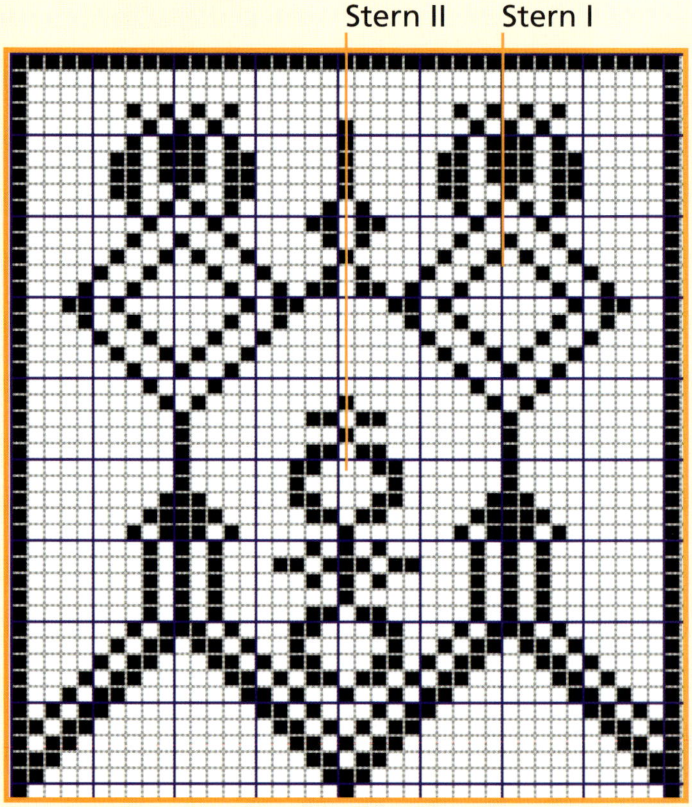

Nicht nur Kinder lieben Tiere, einen großen Stern oder schnittige Segelboote: Wenn Sie diese witzigen Gardinen verschenken, sind Ihnen Komplimente sicher. Aber vielleicht wollen Sie sie ja gar nicht hergeben?

Entenstaffel

Größe
ca. 60 cm breit, 18–35 cm lang

Material
100 g weißes Häkelgarn (Coats Aida 10)
Häkelnadel 1,5–1,75

So wird's gemacht
Die Gardine wird quer gehäkelt.
88 Luftmaschen anschlagen. 3 Wende-Luftmaschen häkeln, dann die erste Reihe mit 29 gefüllten Kästchen häkeln.

Weiter nach Zählmuster arbeiten.
Für die Zacken am unteren Rand Kästchen nach Zählmuster zu- und abnehmen.
Für den Stangendurchzug am oberen Rand der Gardine am Anfang der zweiten Reihe nach dem gefüllten Anfangskästchen statt den beiden leeren Kästchen ein leeres Doppelkästchen häkeln: Dafür 5 Luftmaschen häkeln, 5 Stäbchen der Vorreihe überspringen und das nächste Stäbchen in die sechste Masche häkeln.
Am Ende bzw. Anfang der Reihen ebenso mit leeren Doppelkästchen fortfahren.
Die fertige Gardine spannen, anfeuchten und trocknen lassen.

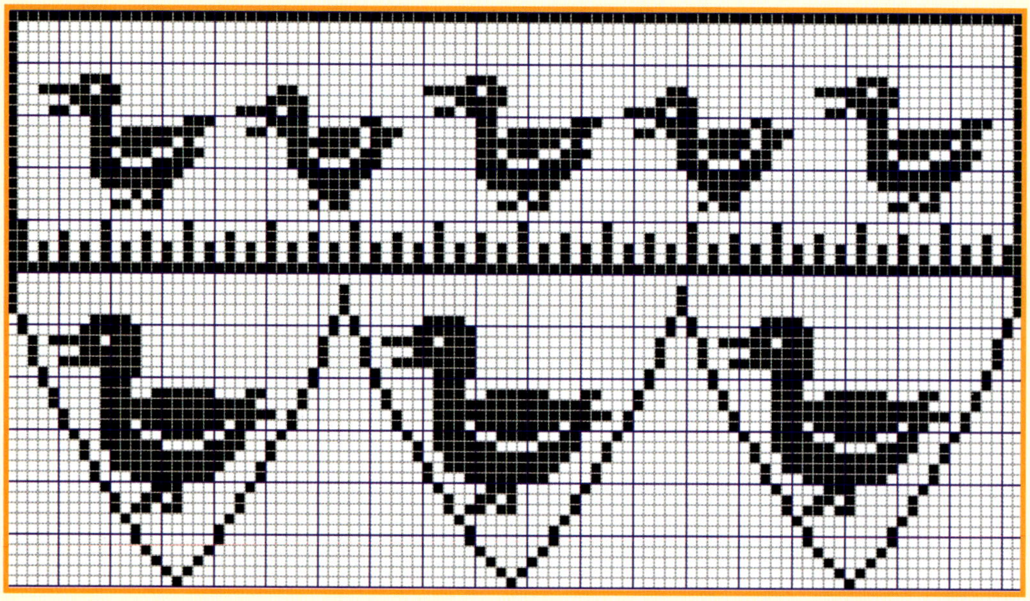

Pferd

Größe
ca. 30 cm breit, 45 cm lang

Material
50 g weißes Häkelgarn (Coats Aida 10)
Häkelnadel 1,5–1,75

So wird's gemacht
Die Gardine wird quer gehäkelt.
169 Luftmaschen anschlagen. 3 Wende-Luftmaschen häkeln, dann die erste Reihe mit 56 gefüllten Kästchen häkeln.

Weiter nach Zählmuster arbeiten.
Für die Zacken am unteren Rand Kästchen nach Zählmuster zu- und abnehmen.
Für den Stangendurchzug am oberen Rand der Gardine am Ende der zweiten Reihe vor dem gefüllten Schlusskästchen statt der beiden leeren Kästchen ein zweireihiges Muster nach der Häkelschrift oben arbeiten: 5 Luftmaschen häkeln, 5 Stäbchen der Vorreihe überspringen und das nächste Stäbchen in das sechste Stäbchen setzen. Am Anfang der nächsten Reihe nach dem gefüllten Anfangskästchen 2 Luftmaschen, 1 feste Masche in die 3. Luftmasche der Vorreihe und 2 Luftmaschen häkeln. Am Ende bzw. Anfang der Reihen ebenso fortfahren. Die fertige Gardine spannen, anfeuchten und trocknen lassen.

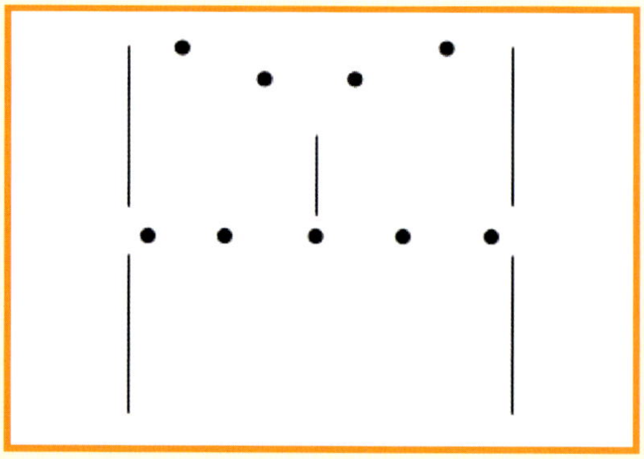

Segelboote

So wird's gemacht

Die Gardine wird quer gehäkelt.
190 Luftmaschen anschlagen. 3 Wende-Luftmaschen häkeln, dann die erste Reihe mit 63 gefüllte Kästchen häkeln.

Weiter nach Zählmuster arbeiten.
Für die Zacken am unteren Rand Kästchen nach Zählmuster zu- und abnehmen.
Für den Stangendurchzug am oberen Rand der Gardine am Ende der zweiten Reihe vor dem gefüllten Schlusskästchen statt der beiden leeren Kästchen ein leeres Doppelkästchen häkeln: Dafür 5 Luftmaschen häkeln, 5 Stäbchen der Vorreihe überspringen und das nächste Stäbchen in das sechste Stäbchen setzen. Am Ende bzw. Anfang der Reihen ebenso mit leeren Doppelkästchen fortfahren.
Die fertige Gardine spannen, anfeuchten und trocknen lassen.
Für ein schmales Fenster können Sie auch nur ein Segelboot nach Zählmuster häkeln. Die Gardine wird dann etwa 30 cm breit.

Größe

ca. 110 cm breit, 65 cm lang

Material

200–250 g weißes Häkelgarn (Coats Opera 5)
Häkelnadel 2,0–2,5

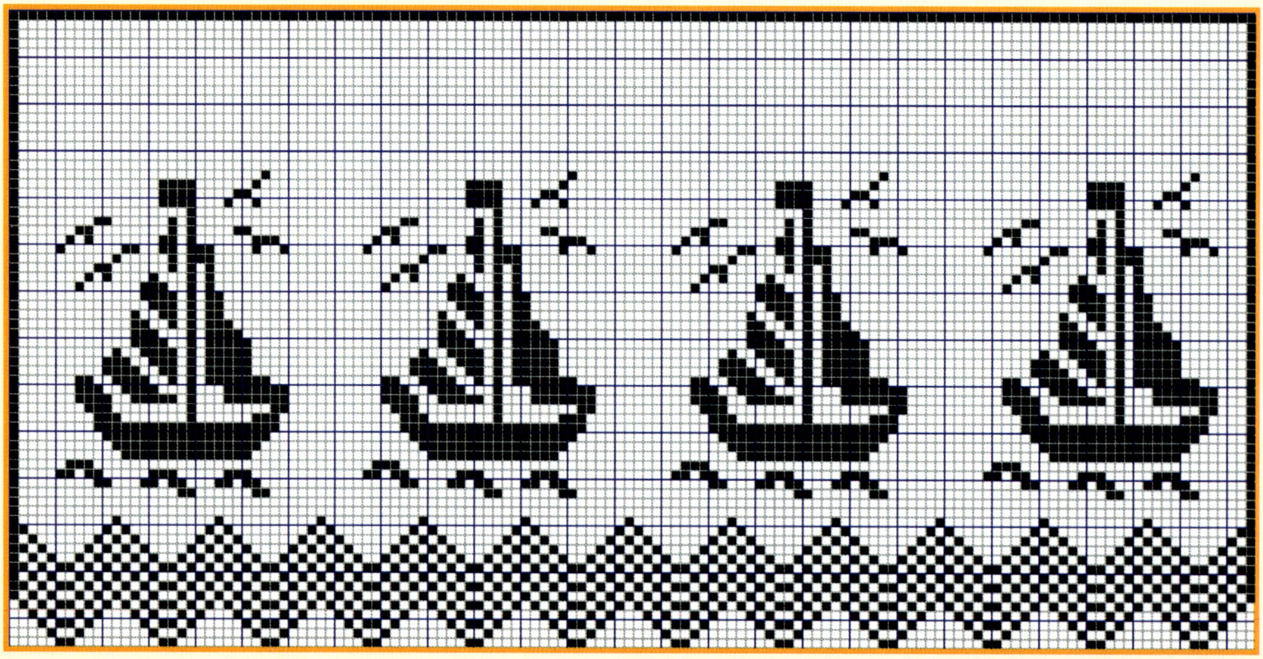

Sternenhimmel

Für den Stangendurchzug am oberen Rand der Gardine am Ende der zweiten Reihe vor dem gefüllten Schlusskästchen statt der beiden leeren Kästchen ein leeres Doppelkästchen häkeln: Dafür 5 Luftmaschen häkeln, 5 Stäbchen der Vorreihe überspringen und das nächste Stäbchen in das sechste Stäbchen setzen. Am Ende bzw. Anfang der Reihen ebenso mit leeren Doppelkästchen fortfahren.
Die fertige Gardine spannen, anfeuchten und trocknen lassen.
Das Gesicht des Sterns kann noch mit farbigem Garn ausgestickt werden.

Größe

ca. 77 cm breit, 115 cm lang

Material

200 g sonnengelbes Häkelgarn (Anchor Liana 10)
Häkelnadel 1,5–1,75

So wird's gemacht

Die Gardine wird quer gehäkelt.
321 Luftmaschen anschlagen. 3 Wende-Luftmaschen häkeln, dann die erste Reihe mit 107 gefüllten Kästchen häkeln.

Weiter nach Zählmuster arbeiten.
Für die Zacken am unteren Rand Kästchen nach Zählmuster zu- und abnehmen.

Elefantenparade

Größe

ca. 125 cm breit, 45 cm lang

Material

200 g weißes Häkelgarn (Anchor Liana 10)
Häkelnadel 1,5–1,75

So wird's gemacht

Die Gardine wird quer gehäkelt.
139 Luftmaschen anschlagen. 3 Wende-Luftmaschen häkeln, dann die erste Reihe mit 46 gefüllten Kästchen häkeln.

Weiter nach Zählmuster arbeiten.
Für die Zacken am unteren Rand Kästchen nach Zählmuster zu- und abnehmen.
Für den Stangendurchzug am oberen Rand der Gardine am Ende der zweiten Reihe vor dem gefüllten Schlusskästchen statt der beiden leeren Kästchen ein leeres Doppelkästchen häkeln: Dafür 5 Luftmaschen häkeln, 5 Stäbchen der Vorreihe überspringen und das nächste Stäbchen in das sechste Stäbchen setzen. Am Ende bzw. Anfang der Reihen ebenso mit leeren Doppelkästchen fortfahren.
Die fertige Gardine spannen, anfeuchten und trocknen lassen.
Natürlich können Sie auch einzelne Elefanten weglassen, um eine gewünschte Fensterbreite zu erreichen.

Mädchen beim Spaziergang

Größe

ca. 48 cm breit, 38 cm lang

Material

100 g weißes Häkelgarn (Coats Aida 10)
Häkelnadel 1,5–1,75

So wird's gemacht

Die Gardine wird quer gehäkelt.
151 Luftmaschen anschlagen. 3 Wende-Luftmaschen häkeln, dann die erste Reihe mit 50 gefüllten Kästchen häkeln.

Weiter nach Zählmuster arbeiten.
Für die Zacken am unteren Rand Kästchen nach Zählmuster zu- und abnehmen.
Für den Stangendurchzug am oberen Rand der Gardine am Ende der zweiten Reihe vor dem gefüllten Schlusskästchen statt der beiden leeren Kästchen ein leeres Doppelkästchen häkeln: Dafür 5 Luftmaschen häkeln, 5 Stäbchen der Vorreihe überspringen und das nächste Stäbchen in das sechste Stäbchen setzen. Am Ende bzw. Anfang der Reihen ebenso mit leeren Doppelkästchen fortfahren.
Die fertige Gardine spannen, anfeuchten und trocknen lassen.

Hasen zur Osterzeit, Engel zu Weihnachten, ein Kürbis zu Halloween, eine herbstliche Dorflandschaft oder Palmen zur sommerlichen Urlaubszeit – warum ändern Sie Ihre Gardinen nicht mal nach der Jahreszeit?

Lustiges Hasenspiel

Größe

ca. 65 cm breit, 80 cm lang

Material

150 g hellgrünes Häkelgarn
(Anchor Liana 10)
Häkelnadel 1,5–1,75

So wird's gemacht

Die Gardine wird quer gehäkelt.
232 Luftmaschen anschlagen. 3 Wende-Luftmaschen häkeln, dann die erste Reihe mit 77 gefüllten Kästchen häkeln.

Weiter nach Zählmuster arbeiten.
Für die Zacken am unteren Rand Kästchen nach Zählmuster zu- und abnehmen.

Für den Stangendurchzug am oberen Rand der Gardine am Ende der zweiten Reihe vor dem gefüllten Schlusskästchen statt der beiden leeren Kästchen ein leeres Doppelkästchen häkeln: Dafür 5 Luftmaschen häkeln, 5 Stäbchen der Vorreihe überspringen und das nächste Stäbchen in das sechste Stäbchen setzen. Am Ende bzw. Anfang der Reihen ebenso mit leeren Doppelkästchen fortfahren. Die fertige Gardine spannen, anfeuchten und trocknen lassen.

Palmen

Größe

ca. 65 cm breit, 43–55 cm lang

Material

100 g weißes Häkelgarn
(Coats Aida 5)
Häkelnadel 1,75–2,0

So wird's gemacht

Die Gardine wird quer gehäkelt.
169 Luftmaschen anschlagen. 3 Wende-Luftmaschen häkeln, dann die erste Reihe mit 56 gefüllten Kästchen häkeln.

Weiter nach Zählmuster arbeiten.
Für die Zacken am unteren Rand Kästchen nach Zählmuster zu- und abnehmen.
Für den Stangendurchzug am oberen Rand der Gardine am Anfang der zweiten Reihe nach dem gefüllten Anfangskästchen statt den beiden leeren Kästchen ein leeres Doppelkästchen häkeln: Dafür 5 Luftmaschen häkeln, 5 Stäbchen der Vorreihe überspringen und das nächste Stäbchen in die sechste Masche häkeln.
Am Ende bzw. Anfang der Reihen ebenso mit leeren Doppelkästchen fortfahren.
Die fertige Gardine spannen, anfeuchten und trocknen lassen.

Dörfliche Idylle

Größe
ca. 95 cm breit, 60 cm lang

Material
150–200 g weißes Häkelgarn
(Anchor Liana 10)
Häkelnadel 1,5–1,75

So wird's gemacht
Die Gardine wird quer gehäkelt.
175 Luftmaschen anschlagen. 3 Wende-Luftmaschen häkeln, dann die erste Reihe mit 58 gefüllten Kästchen häkeln.

Weiter nach Zählmuster arbeiten.
Für die Zacken am unteren Rand Kästchen nach Zählmuster zu- und abnehmen.
Für den Stangendurchzug am oberen Rand der Gardine am Ende der zweiten Reihe vor dem gefüllten Schlusskästchen statt der beiden leeren Kästchen ein leeres Doppelkästchen häkeln: Dafür 5 Luftmaschen häkeln, 5 Stäbchen der Vorreihe überspringen und das nächste Stäbchen in das sechste Stäbchen setzen. Am Ende bzw. Anfang der Reihen ebenso mit leeren Doppelkästchen fortfahren.
Die fertige Gardine spannen, anfeuchten und trocknen lassen.

Halloween

Größe
ca. 60 cm breit, 100 cm lang

Material
200–250 g rotes Häkelgarn
(Anchor Liana 10)
Häkelnadel 1,5–1,75

So wird's gemacht
Die Gardine wird quer gehäkelt.
292 Luftmaschen anschlagen.
3 Wende-Luftmaschen häkeln, dann die erste Reihe mit 97 gefüllten Kästchen häkeln.

Weiter nach Zählmuster arbeiten. Für die Zacken am unteren Rand Kästchen nach Zählmuster zu- und abnehmen.

Für den Stangendurchzug am oberen Rand der Gardine am Ende der zweiten Reihe vor dem gefüllten Schlusskästchen statt der beiden leeren Kästchen ein leeres Doppelkästchen häkeln: Dafür 5 Luftmaschen häkeln, 5 Stäbchen der Vorreihe überspringen und das nächste Stäbchen in das sechste Stäbchen setzen. Am Ende bzw. Anfang der Reihen ebenso mit leeren Doppelkästchen fortfahren.
Die fertige Gardine spannen, anfeuchten und trocknen lassen.

Weihnachtsengel

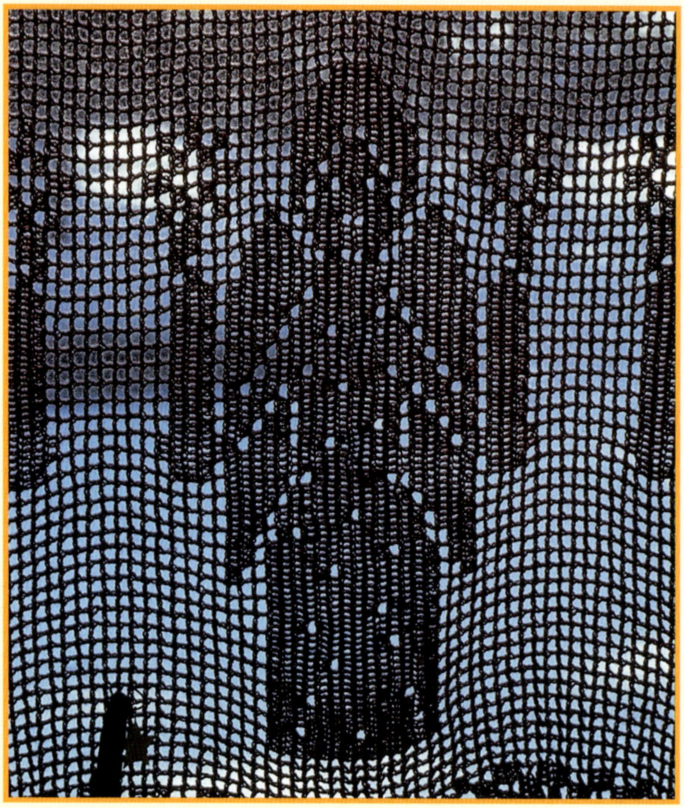

Größe
ca. 100 cm breit, 65 cm lang

Material
150–200 g dunkelrotes Häkelgarn (Coats Aida 5)
Häkelnadel 1,75–2,0

So wird's gemacht
Die Gardine wird quer gehäkelt.
178 Luftmaschen anschlagen. 3 Wende-Luftmaschen häkeln, dann die erste Reihe mit 59 gefüllten Kästchen häkeln.

Weiter nach Zählmuster arbeiten.
Für die Zacken am unteren Rand Kästchen nach Zählmuster zu- und abnehmen.
Für den Stangendurchzug am oberen Rand der Gardine am Ende der zweiten Reihe vor dem gefüllten Schlusskästchen statt der beiden leeren Kästchen ein leeres Doppelkästchen häkeln: Dafür 5 Luftmaschen häkeln, 5 Stäbchen der Vorreihe überspringen und das nächste Stäbchen in das sechste Stäbchen setzen. Am Ende bzw. Anfang der Reihen ebenso mit leeren Doppelkästchen fortfahren.
Die fertige Gardine spannen, anfeuchten und trocknen lassen.
Für eine breitere oder schmälere Gardine können mehr oder weniger Mustersätze gehäkelt werden. Ein Engel ist ca. 35 cm breit.

Die Fotos auf den Seiten 14–17, 26–27, 32–33, 36–37, 54–55, 60–63
stammen von Klaus G. Förg, Rosenheim;
das Coverfoto und alle übrigen Aufnahmen von Günter Standl, Laufen
Redaktion: Margit Bogner, München

Seitenlayout, Satz und Lithografie: KCS GmbH, Buchholz bei Hamburg
Druck und Bindung: Graspo, Zlín
Printed in Czech Republic

ISBN 3-475-53760-5

Die Autorin dankt ihrem Sohn Alexander Schöll für die Erstellung der Grafiken.

Der Verlag bedankt sich bei den Baufirmen Hartl Haus, Das Bodensee-Haus BSH Holzfertigbau GmbH
und Rensch Haus GmbH für die freundliche Unterstützung der Fotoproduktion.